Yine Mi, Kırmızı Başlıklı Kız!

Not Again, Red Riding Hood!

Kate Clynes & Louise Daykin

Turkish translation by Talin Altun

Kırmızı Başlıklı Kız kötü kurtla o korkunç
karşılaşmasından sonra bahçede oynuyordu.
"Kırmızı Başlıklı Kız," diye çağırdı Annesi, "kurabiye
yaptım, gel bir tane al. Neden babana da birkaç tane
götürmüyorsun?"
Kırmızı Başlıklı Kız ormana gitme konusunda hala
biraz tedirgindi. Ama Annesinin onun yardımına
ihtiyacı vardı, ve Babası kurabiyeleri çok seviyordu.
Gitmeye karar verdi.

Red Riding Hood was playing in the garden after her terrible ordeal
with that nasty wolf.
"Red Riding Hood," called her Mum, "I've made cookies, come and get one.
Why not take some to Dad?"
Now Red Riding Hood still felt a bit nervous about going into the wood. But
Mum needed her help, and Dad loved his cookies. So, she agreed to go.

Her Mum counted ten freshly made cookies into a basket. 2, 4, 6, 8, 10.
Red Riding Hood gave her Mum a big hug and off she went.

Annesi on tane taze pişmiş kurabiyeyi sayarak
sepetin içine koydu.
2, 4, 6, 8, 10.
Kırmızı Başlıklı Kız annesine sarılıp yola koyuldu.

Daha çok gitmemişti ki küçük bir ses duydu.

"Kırmızı Başlıklı Kız, Kırmızı Başlıklı Kız, yiyecek birşeyin var mı? Uzun zamandır bu kuleden çıkamıyorum ve çok açım."

"Sepetini aşağı yolla," dedi Kırmızı Başlıklı Kız, "senin için lezzetli, taze pişmiş bir kurabiyem var."

She hadn't gone far when she heard a small voice: "Red Riding Hood, Red Riding Hood, have you any food? I've been stuck up in this tower for ages and I'm starving."

"Send down your basket," said Red Riding Hood. "I have a delicious, freshly made cookie for you."

"Mmm, en sevdiğimden,"
diye cevapladı Rapunzel.
"O kötü kurtla korkunç
karşılaşmandan hemen
sonra seni tekrar dışarıda
görmek çok güzel."

"Yummy, my favourite," replied Rapunzel.
"It's good to see you out again, so soon after
your terrible ordeal with that nasty wolf."

Kırmızı Başlıklı Kız taze pişmiş kurabiyeleri
babasına götürmek üzere tekrar yola koyuldu.
Sepetinin içine baktı.
10 tane 9'a inmişti!

Red Riding Hood set off again to deliver the
freshly made cookies to her Dad.
She looked into her basket.
10 had become 9!

Bir süre sonra Bay ve Bayan Ayı'nın evine vardı. Bebek Ayı ile birlikte
bahçe masasının etrafında oturmuş üç boş kaseye bakıyorlardı.
"Kırmızı Başlıklı Kız, Kırmızı Başlıklı Kız, yiyecek birşeyin var mı?
Çok açız, birisi bütün yemeğimizi yemiş!"

After a while she arrived at Mr and Mrs Bear's house. They were sitting around
their garden table with Baby Bear staring into three very empty bowls.
"Red Riding Hood, Red Riding Hood, have you any food? We're starving.
Someone's eaten all our porridge!"

Kırmızı Başlıklı Kız çok iyi kalpliydi ve her birinin kasesinin içine bir tane taze pişmiş kurabiye koydu.

Now Red Riding Hood was a kind little girl and she popped one freshly made cookie into each of their bowls.

"Çok teşekkürler," dedi ayılar. "O kötü kurtla korkunç karşılaşmandan hemen sonra seni tekrar dışarıda görmek çok güzel."

"Oooooh, thank you," said the bears. "It's good to see you out again, so soon after your terrible ordeal with that nasty wolf."

Kırmızı Başlıklı Kız ilerlemeye devam etti.
Sepetinin içine baktı.
9 tane 6'ya inmişti!
Çok gitmeden Babaannesinin evine vardı. "O kötü kurtla
korkunç karşılaşmamdan sonra Babaannemin nasıl olduğuna
bakmalıyım," diye düşündü Kırmızı Başlıklı Kız.

Red Riding Hood marched on. She looked into her basket.
9 had become 6!
She hadn't gone far when she reached Grandma's house.
"I must see how Grandma is after her terrible ordeal with
that nasty wolf," thought Red Riding Hood.

Babaanne yataktaydı.
"Babaanne, babaanne çok aç görünüyorsun,"
dedi Kırmızı Başlıklı Kız.

Grandma was in bed.
"Grandma, Grandma, you look starving," said
Red Riding Hood.

"Annemin pişirdiği kurabiyelerden bir tane yemelisin. Babama da götürüyorum, senin bir tane yemene birşey demiyeceğinden eminim."
"Teşekkür ederim canım," dedi Babaanne. "Çok düşünceli bir kızsın. Simdi koş git, Babanı daha fazla bekletme."

"You must have one of Mum's home made cookies. I'm taking some to Dad, and he won't mind you having one."
"Thank you dear," said Grandma. "You are a thoughtful girl. Now run along and don't keep your father waiting."

Kırmızı Başlıklı Kız Babaannesini yanağından
öptü ve Babasını bulmaya gitti.
Sepetinin içine baktı. 6 tane 5'e inmişti!

Red Riding Hood gave Grandma a kiss on the cheek
and rushed off to find her Dad.
She looked into her basket. 6 had become 5!

Bir süre sonra nehre geldi. Üç zayıf keçi kurumuş çimlerin üstünde yatıyordu.
"Kırmızı Başlıklı Kız, Kırmızı Başlıklı Kız, yiyecek birşeyin var mı? Çok açız."

After a while she reached the river. Three very scrawny billy goats were lying on a patch of rather brown grass.
"Red Riding Hood, Red Riding Hood, have you any food? We're starving."

"Karşı tarafdaki yeşil çimlere ulaşmak için köprüyü geçemiyoruz," dediler. "Kötü ve aç bir dev biz yemek için bekliyor."

:"We can't cross the bridge to eat the lush green grass," they said. "There's a mean and hungry troll waiting to eat us."

"Sizi zavallı şeyler, evde yapılmış bu
kurabiyeleri deneyin, çok lezzetliler. 1, 2, 3."

"You poor things, try some home made cookies,
they're delicious. 1, 2, 3."

"Çok iyi kalplisin," dedi keçiler. "O kötü kurtla korkunç karşılaşmandan hemen sonra seni tekrar dışarıda görmek çok güzel."

"You're very kind," said the billy goats. "Nice to see you out again, so soon after your terrible ordeal with that nasty wolf."

Kırmızı Başlıklı Kız koştu.
Sepetinin içine baktı.
5 tane 2'ye inmişti!
Kırmızı Başlıklı Kız "En azından
burada hiç kötü kurt yok," diye
düşündü.
Tam o sırada...

Red Riding Hood ran on. She looked
into her basket. 5 had become 2!
"Well at least there aren't any nasty
wolves around here," thought Red Riding
Hood.
Just then…

...bir kurt önüne atladı.
"Eveet!" dedi kurt. "Kardeşimle korkunç karşılaşmasından hemen
sonra Kırmızı Başlıklı Kız yine dışarılarda. Seni görmek beni baya
acıktırdı."
"Kurabiyelerimden yiyemezsin," diye çığlık attı Kırmızı Başlıklı Kız.

…a wolf jumped out in front of her.
"Well, well, well!" said the wolf. "If it isn't Red Riding Hood out again, so soon after
your terrible ordeal with my brother. Seeing you makes me feel rather peckish."
"You can't have any of my cookies," squeaked Red Riding Hood.

Kurt "Kurabiye düşünmüyordum," diyerek ona doğru atıldı.

"I wasn't thinking about cookies,"
growled the wolf as he leapt towards her.

Çığlığı duyan Babası baltasını
sallayarak geldi.

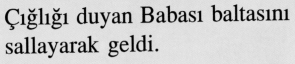

Hearing a scream, her Dad appeared
wielding his axe.

"Koş Kırmızı Başlıklı Kız! Koş!" dedi, kurdu kovalayarak.
"Yine mi, Kırmızı Başlıklı Kız!" düşündü Babası.

"Run, Red Riding Hood! Run!" he bellowed as he chased the wolf away.
"Not again, Red Riding Hood," thought Dad.

Korkunç karşılaşmadan sonra ikisi de çok acıkmıştı.
Sepetinin içine elini uzattı.
"Bir tane sana, bir tane bana," dedi Kırmızı Başlıklı Kız.

They were both hungry after their terrible ordeal.
She reached into her basket.
"One for you and one for me," said Red Riding Hood.

Ve sonra hiç kurabiye kalmadı.

And then there were none.